Beveiliging & bescherming van jouw zaken &
jouw bedrijf. Voor het te laat is.

Beveiliging & bescherming van jouw zaken &
jouw bedrijf. Voor het te laat is.

Jasmin Hajro

AuteurJasmin Hajro

© 2018 Jasmin Hajro
Alle rechten voorbehouden

ISBN : 9781790660322

Omslagontwerp door

Jasmin Hajro

Eerste druk 2018

Voor Sabine & Lesley,
mijn zusjes.

Hallo beste lezer,
hoe gaat het ?

Of beste ondernemer,
zou ik eigenlijk moeten zeggen...

Beste collega dan,
want ik onderneem ook.

Ik was zo slim om de teksten op mijn website,
die ik heb geschreven,
te beschermen.
Door er een boekje van te maken...
boek Website Hajro www.hajrobv.nl in een boekje.

Ik heb het gepubliceerd via Lulu,
en heb een Standard Copyright Licencie
voor de duur van iets van 50 jaar.

Ik heb er daarna een revisie van gemaakt,
en er een boek aan toegevoegd.
Het is geworden : boek Oprichting Hajro,
het conglomeraat.
En boek Recept voor Geluk
zit er gratis bij.
Dan heeft de lezer er ook wat meer aan,
dan alleen de ervaring alsof ie onze website bezoekt,
door het boek te lezen.

In principe maakt het niet uit of het gekocht en
gelezen wordt. Het dient voor bescherming van mijn werk
(mijn zaken).

Dus jij gaat meteen
ook een boekje maken van de teksten op jouw website.

En dat boekje publiceren via Lulu,
zodat jij je werk beschermt.

Je hebt dan 2 voordelen,
1 je werk is beschermd,
2 je hebt heel gemakkelijk een boek gemaakt.
(misschien je eerste boek)
Gefeliciteerd !

Stap 2.

Maak van je ontwerpen , je designs
Als je bijvoorbeeld je logo en je visitekaartje zelf hebt getekend,
zoals ik.
Verzamel je tekeningen en ontwerpen...
Ga naar Lulu en maak een fotoboek.
En publiceer het.
Je kan er wat lege pagina's aan toevoegen,
zodat je fan, die jouw fotoboek koopt,
er zijn eigen foto's erbij kan plakken.

Maar in eerste instantie,
doe je het om je werk te beschermen.

Het idee om dit boek te maken,
behalve om anderen te helpen
hun werk te beschermen,
wat erg goed advies is
komt door iets wat er is gebeurd.

(By the way,
we hebben een dochteronderneming
Hajro Advies bureau,
mocht je verder advies nodig hebben)

Je weet misschien dat ik in 2012
geen werk kon vinden.
En als ik wat zou vinden werd het productiewerk
of koken.
Ik wou beide niet.
Had dat soort werk al genoeg gedaan.

Omdat ik jaren geleden
nadat ik las,
dat papa en mama
een half pensioen zouden krijgen,
omdat ze immigranten zijn en maar een half arbeidsverleden in
nederland hebben. De pensioenkorting.

Me fanatisch heb verdiept in financien...
Boeken gelezen, cursussen gedaan,
zelf belegd. Fiancieel systeem bedacht.
Beetje ontevreden over de beleggingsfonden,
waarin ik was belegd. Bedacht ik er zelf een,
dat erg breed is.

Dacht ik,
dan doe ik wat met die kennis,
en begon mijn eerste bedrijf : Jasko.
Beleggen voor klanten.

Ik heb een boek gelezen over de Robeco,
die beleggingsmaatschappij.
Met gemak betrouwbaar beleggen.
Die firma was gestart door een aantal ondernemers.

En was al bijna 100 jaar aan het beleggen.
Ik keek er tegen op.

Had gevraagd of ze werk voor me hadden.
En stuurde mijn idee voor een fonds,
naar ze toe.

Ze hadden geen werk voor me,
veel ontslagen in de financiele sector toen.

Met het fonds konden ze ook niks.

Dus ik startte mijn eigen beleggingsbedrijf
gebaseerd op mijn erg brede fonds &
mijn financiele systeem.

Een tijd later,
gebeurde het volgende...

Robeco kwam met Robeco One.

Een beleggingsfonds,
erg breed belegd,
in zowat alles en
wereldwijd.

???

Hetzelfde als mijn fonds !

Zie je hoe belangrijk het is
om je werk te beschermen ??

In een ideale situatie,
hadden ze gevraagd omdat ze werk wilden maken van mijn idee,
of ze een licentie
konden kopen.

Maar we leven in de realiteit,
en niet in een ideale wereld.

Dat soort dingen gebeuren.

Ik heb die email en

mijn idee voor een fonds
ingescand,
en je kunt het zien
op de volgende pagina's...

FW: idee voor een fonds

pandinus emperator (pandinus_emperator@hotmail.com)
zondag 30 september 2012 19:40:08
s.hajro@renn4.nl

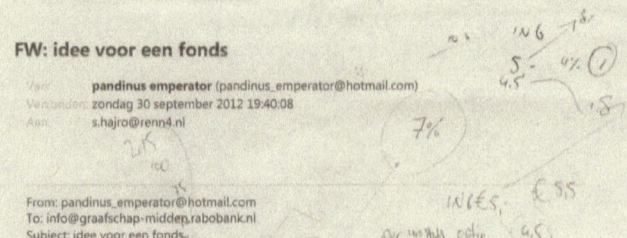

From: pandinus_emperator@hotmail.com
To: info@graafschap-midden.rabobank.nl
Subject: idee voor een fonds
Date: Mon, 10 Sep 2012 08:32:45 +0000

Geachte mensen van de Rabobank,
Dit is mijn idee voor een fonds :

Het beste is misschien als het een mixfonds wordt omdat het dan gespreid is in zichzelf,
het heeft de vrijheid om wereldwijd in alle financiële instrumenten te beleggen en ook in andere
fondsen;om niet het wiel opnieuw uit te hoeven vinden maar wel te kunnen profiteren van trends
waar sommige fondsen zich voornamelijk op richten en goedlopende sectoren tijdens de hele
economische cyclus (de sectorfondsen).
De basis bestaat dan uit: -andere fondsen.
- alle soorten obligaties;met een overweging in de goedlopende soort (bijv: bedrijfsobligaties,high
yield,staatsobligaties van sterke economieen bijv:duitsland)
- in beperkte mate aandelen van largecaps(want deze zijn al opgenomen in de andere
robecofondsen)
-kwalitatief vastgoed of vastgoedfondsen die het ook aardig doen in mindere tijden

Omdat ik geen verstand heb van valutas,grondstoffen en edele metalen weet ik niet of die bij de
basis horen of als vervolg maar ze moeten wel in het fonds zitten.

Het vervolg bestaat uit: -aandelen in alle bedrijven van de Fortune 500 global (je zou dan zeggen
met een kleiner bedrag in de financials dan de rest maar er zou serieus nagedacht moeten worden
of niet juist het tegenovergestelde gedaan moet worden omdat je ze nu met korting kunt kopen om
in te spelen op de periode na de crisis,na de reorganisaties enz.
-beleggingen in dingen & diensten die altijd nodig zijn(en ongeacht de economische
omstandigheden worden gebruikt): voedingsmiddelen(eten en drinken;nestle,coca-cola enz)
alcohol & tabak,
energie,telecom,
verzekeringen,
olie&benzine,
kleding,electrische apparatuur,auto's,fietsen
zorg,medicijnen (brengt de vergrijzing geen kansen hierin?)
farmacie(make-up,ook in tijden van recessie jawel)
diervoeding;voor de landbouw maar ook huisdieren
detergent(;aandelen Henkel)
-biotechbedrijven
-beleggen in alle landen uit de G20 voornamelijk in de small&midcaps vanwege hun groeipotentieel
-vastgoed in studentensteden(huurinkomsten,geen leegstand)
-vastgoed aan de kust (om te profiteren van het toerisme)
-Slavische landen(Bosnie heeft sinds kort internet dus BH Telecom gaat behoorlijk groeien,Sarajevska
pivara(bierbrouwer),Fabrika duhana(tabak)

Omdat ik geen verstand heb van valutas,grondstoffen en edele metalen weet ik niet of die bij de basis horen of als vervolg maar ze moeten wel in het fonds zitten.

Het vervolg bestaat uit: -aandelen in alle bedrijven van de Fortune 500 global (je zou dan zeggen met een kleiner bedrag in de financials dan de rest maar er zou serieus nagedacht moeten worden of niet juist het tegenovergestelde gedaan moet worden omdat je ze nu met korting kunt kopen om in te spelen op de periode na de crisis,na de reorganisaties enz.
-beleggingen in dingen & diensten die altijd nodig zijn(en ongeacht de economische omstandigheden worden gebruikt): voedingsmiddelen(eten en drinken:nestle,coca-cola enz)
alcohol & tabak.
energie,telecom,
verzekeringen,
olie&benzine,
kleding,electrische apparatuur,auto's,fietsen
zorg,medicijnen (brengt de vergrijzing geen kansen hierin?)
farmacie(make-up,ook in tijden van recessie jawel)
diervoeding:voor de landbouw maar ook huisdieren
detergent(:aandelen Henkel)
-biotechbedrijven
-beleggen in alle landen uit de G20 voornamelijk in de small&midcaps vanwege hun groeipotentieel
-vastgoed in studentensteden(huurinkomsten,geen leegstand)
-vastgoed aan de kust (om te profiteren van het toerisme)
-Slavische landen(Bosnie heeft sinds kort internet dus BH Telecom gaat behoorlijk groeien,Sarajevska pivara(bierbrouwer),Fabrika duhana(tabak)
-investeringsmaatschappijen(Value8,Kardan,HAL,Berkshire Hathaway)
-Nederlands vastgoed en nederlandse bouwbedrijven nu met korting kopen
-Computerbeveiliging:omdat veel via het internet gaat waaronder geldzaken (Symantec,Microsoft), maar ook profiteren van de vernieuwingen op pc/internet gebied.
-Hotellerie,reisbureaus,restaurants,casino's,reclamebureaus(van direct selling)eventueel als onderdeel van private equity,want dat zit er uiteraard ook in.
-Minder bekende landen/regio's bijv: Vietnam,Marokko,het herstel van Japan,Arabische landen
-Biedt de scheepvaart kansen?
-Trackers op alle beurzen in de wereld om goede koopmomenten te vinden.
-Alles waar emerging inzit (aandelen,schuldpapier enz)
-Is het niet een idee om juist nu in de zwakke eurolanden te zitten met een lange adem?
-Het fonds belegt uiteraard in dividendaandelen
-In conglomeraten want die zijn gespreid in zichzelf
-de Frontier Markets vermeld → robeco mening + bijlage
+ve punten

Ik heb het opgestuurd naar de robeco voor hun mening erover,maar als de Rabobank of Schrieten&co mij een second opinion kunnen geven dan ben ik razend benieuwd.
Ik hoor het graag van jullie.
Met vriendelijke groet,
Jasmin Hajro

Hopelijk kun je het lezen,
de pagina's zijn wat breder
dan de pagina's van dit boek.

Je kan nou zeggen :
Ze werden geinspireerd door jouw idee.

Ofzoiets dergelijks.

(Toevallig crashte mijn laptop toen ook,
en was ik de helft van mijn bestanden kwijt.)

Maar de point is :
Wat heb jij straks eraan,
dat iemand geinspireerd door jouw werk,
geld verdient aan jouw werk.

Terwijl jij met lege handen overblijft,
na al het werk te hebben gedaan.

???

Dus neem mijn adviezen serieus,
maak van je website teksten een boek
met een copyright licencie
&
maak van je tekeningen een fotoboek
met een standard copyright licencie.

En er zijn nog een aantal andere dingen die je kan doen.

Beschermen van je idee (Idee depot)

Beschermen van je merk.
Je bedrijfsnaam is je merk.

Een patent (octrooi) aanvragen

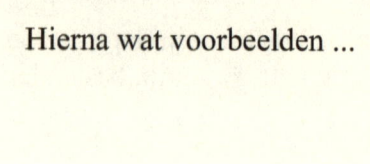

HORTIS LEGAL

Hortis Legal
Po Box 1072
2280 CB Rijswijk ZH
The Netherlands

T. +31-70-3193566
F. +31-70-4152043
E. info@hortis.nl
W. www.hortis.nl

HORTIS LEGAL

Intellectual property consultants

Trademarks - Patents
Plant breeders' rights
Legal advice

Hortis Legal
Po Box 1072
2280 CB Rijswijk ZH
The Netherlands

T. +31 70 3193566
F. +31 70 4152043
E. info@hortis.nl
W. www.hortis.nl

Jasmin Hajro
Ottawastraat 19
7007 BC Doetinchem,

Datum 21 december 2012
Onderwerp Depot van het merk 'jasko' in het Benelux merkenregister

Geachte mevrouw Hajro,

Onlangs heeft u een merk gedeponeerd bij het Benelux Bureau voor de Intellectuele Eigendom (BBIE). Hiermee is de registratieprocedure van uw merk in het Benelux merkenregister aangevangen.

Nu is het van belang dat uw merk succesvol zal worden geregistreerd. Dit is afhankelijk van meerdere factoren. Zo zal het BBIE nog beoordelen of uw merk voldoet aan de door de wet gestelde criteria. Ook bestaat er de mogelijkheid dat een houder van een gelijkend merk uw inschrijving zal proberen te voorkomen of te beperken, bijvoorbeeld door het starten van een zogenaamde oppositieprocedure of door het afdwingen van een licentie. Voor een goede verdediging van uw belangen is specialistische kennis van het merkenrecht vereist.

Hortis Legal heeft ruim 15 jaar ervaring op het gebied van merkregistraties, merkonderzoeken en het voeren van inbreuk- en oppositiezaken. Voor elk apart vakgebied binnen het intellectuele eigendomsrecht hebben wij specialisten in huis die u ter zake deskundig bij kunnen staan. Hortis Legal biedt u hierbij graag haar diensten aan.

Wellicht bent u voornemens één of meerdere nieuwe merken te deponeren. Voordat u overgaat tot het depot van een nieuw merk, raden wij u aan om advies bij ons in te winnen zodat wij kunnen beoordelen of uw merk voldoet aan alle vereisten. Dit zorgt ervoor dat u geen onnodige kosten maakt voor een depot dat weinig of geen kans van slagen heeft.

Na succesvolle registratie van uw merk is het natuurlijk ook belangrijk dat uw merkrecht gehandhaafd blijft. Hiervoor kunt u bij ons een merkbewakingsabonnement afsluiten. Indien er een merk wordt gedeponeerd bij het BBIE dat veel overeenkomsten heeft met uw merk en daardoor eventueel inbreuk maakt op uw merkrecht, stellen wij u hiervan tijdig op de hoogte. Indien u dat wenst kunnen wij vervolgens namens u actie ondernemen tegen de inbreukmakende partij.

Voor verdere informatie nodigen wij u graag uit voor een kosteloos en geheel vrijblijvend oriënterend gesprek. Indien u vragen en/of opmerkingen heeft, kunt u contact met ons opnemen per e-mail via info@hortis.nl of per telefoon op 070-3193566.

Wij hopen u graag van dienst te kunnen zijn.

Met vriendelijke groet,

Mw. mr. Rachel Bahadoersing,
Juriste/Merkengemachtigde i.o.

Dhr. Rachaad Farzand Ali, LL.B.
Jurist

Bescherm je merk, je bedrijfsnaam is je merk, je brand.

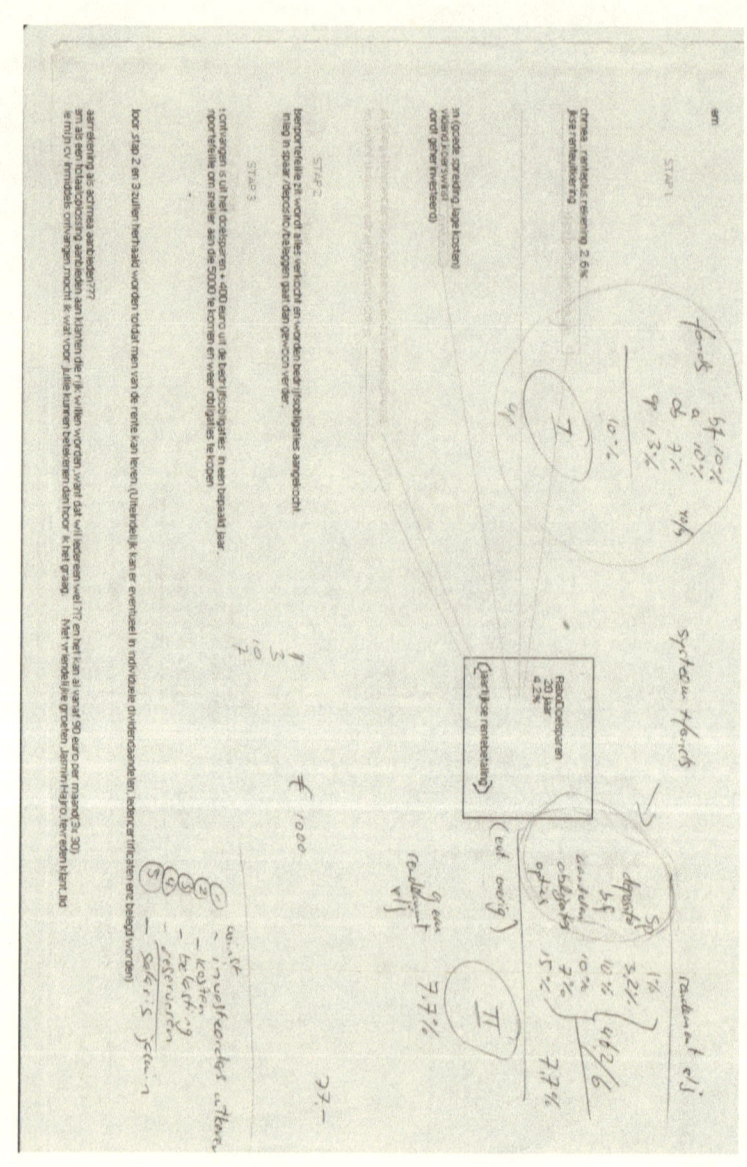

Mijn financieel systeem uitgetekend

ARNOLD + SIEDSMA

NIJMEGEN
Oranjesingel 47
6511 NN Nijmegen

t +31 (0)24 397 85 38
f +31 (0)24 397 04 93
nijmegen@
arnold-siedsma.nl
www.arnold-siedsma.nl

Jasmin Hajro
T.a.v. de heer J. Hajro
Ottawastraat 19
7007 BC Doetinchem

Uitsluitend per e-mail

DATUM	UW REFERENTIE	ONZE REFERENTIE
23 september 2013	--	L/20S09/TN/1

BETREFT
Nederlandse octrooiaanvrage 1040234
- financieel systeem -
Ten name van: Jasmin Hajro

Geachte heer Hajro,

Naar aanleiding van uw instructies hebben wij op 5 september 2013 de vormgebreken van bovengenoemde octrooiaanvrage opgeheven door het indienen van bijgevoegde stukken.

Onze corresponderende nota wordt zo spoedig mogelijk nagezonden.

Met vriendelijke groet,
ARNOLD + SIEDSMA

Tamara Nieuwenhuizen
Assistente van Petri van Someren

OCTROOIEN
ir. A.A.G. Land
mr. drs. A.J.W. Hooiveld
ir. L. Bartelds
drs. P.F.H.M. van Someren
ir. J.A.M. Grootschotten
S. Duxbury BSc
ir. P.J Hylarides
dr. ir. N.V.T.G. D'Hollewijn
str. A. van Kooij
dr. ir. H.W. Prins
ir. R. Vernout
ir. M.D. Nollen
drs. O.S. Roelands
dr. ir. G.J.C. Vondijk
ir. R.J.G. Haan
ir. J.P. Louwaard
ir. M.H. Loten
dr. ir. B. Jacobs
ing. Y. Philippaerts
ir. W.J. Stikker
dr. J. Pacifico
dr. K.G.N. Nekyrick
J.F. Kuster MSc
ir. P. Lubberdink
K. Arts MSc

MERKEN & MODELLEN
mr. K. Keijzer
drs. J.J. Elzas
mr. L.K. Stegeman
mr. N.M. van Roon
S.C.L. Bauwens

ADVOCATUUR
mr. M.W. Rijsdijk
mr. M.W. Wagemaker

ADVISEURS
ir. F.N. Hoorweg
ir. B.H.J. Schumann

Arnold + Siedsma B.V. is gevestigd te 's-Gravenhage en ingeschreven in het handelsregister onder nummer 20062091. Arnold + Siedsma B.V. is de enige opdrachtnemer van alle werkzaamheden. Op deze werkzaamheden en alle rechtsverhoudingen met derden zijn van toepassing de Algemene Voorwaarden van Arnold + Siedsma B.V., waarin een beperking van aansprakelijkheid is opgenomen. Deze Voorwaarden, die zijn gedeponeerd ter griffie van de rechtbank te 's-Gravenhage onder nummer 70/2008, kunnen worden geraadpleegd op www.arnold-siedsma.nl of worden op verzoek toegezonden.

VESTIGINGEN | DEN HAAG | AMSTERDAM | BREDA | EINDHOVEN | ENSCHEDE | LEEUWARDEN | NIJMEGEN | UTRECHT | ANTWERPEN | BRUSSEL | MÜNCHEN

Bij Arnold & Siedsma kun je een patent aanvragen.

BENELUX-BUREAU
VOOR DE
INTELLECTUELE
EIGENDOM

BEWIJS VAN INSCHRIJVING

01 Inschrijvingsnummer
0930554
Nummer en dagtekening (dag en uur) van het depot
1260021   17.12.2012 , 22.15
02 Vervaldatum
17.12.2022
03 Naam van de houder
Jasmin Hajro
04 Adres (straat en nummer) van de houder
Ottawastraat 19
05 Postcode, plaats en land van de houder
7007 BC Doetinchem,
Nederland.
06 Woordmerk
jasko
13 Klasse-aanduiding en opgave van de waren en diensten
Kl 35 Reclame; beheer van commerciële zaken; zakelijke administratie; administratieve diensten.
Kl 36 Verzekeringen; financiële zaken; monetaire zaken; makelaardij in onroerende goederen.
14 Klasse-opsomming (09 = tot en met)
35 36
Publicatiedatum van de inschrijving
19.12.2012
Datum inschrijving
19.12.2012
Kenmerken van de deposant of de gemachtigde
13

Den Haag, 12 maart 2013

Edmond Simon
Directeur-Generaal

Je kan hier je idee deponeren in een Idee depot

Uittreksel Handelsregister
Kamer van Koophandel

KvK-nummer 56671326   Deze inschrijving valt onder beheer van Kamer van Koophandel Centraal Gelderland

Pagina 1 (van 1)

Onderneming
Handelsnaam	Jasko
Rechtsvorm	Eenmanszaak
Startdatum onderneming	17-12-2012 (datum registratie: 17-12-2012)
Activiteiten	SBI-code: 6499 - Overige financiële intermediatie
Werkzame personen	1

Vestiging
Vestigingsnummer	000026199122
Handelsnaam	Jasko
Bezoekadres	Ottawastraat 19, 7007BC Doetinchem
Telefoonnummer	0642657470
E-mailadres	pandinus_emperator@hotmail.com
Datum vestiging	17-12-2012 (datum registratie: 17-12-2012)
Activiteiten	SBI-code: 6499 - Overige financiële intermediatie Bemiddeling in financiële producten.
Werkzame personen	1

Eigenaar
Naam	Hajro, Jasmin
Geboortedatum en -plaats	06-07-1985, Sarajevo
Adres	Ottawastraat 19, 7007BC Doetinchem
Datum in functie	17-12-2012 (datum registratie: 17-12-2012)

Arnhem, 17-12-2012. Uittreksel is vervaardigd om 16.23 uur.
Voor uittreksel

A.H.J. van Bakel, Afdelingshoofd handelsregister

Een gewaarmerkt uittreksel is een officieel bewijs van inschrijving in het Handelsregister. Een papieren gewaarmerkt uittreksel is ondertekend, voorzien van een microtekst en uv-logo gedrukt op 'optisch dood' papier. Een digitaal gewaarmerkt uittreksel is ondertekend met een verifieerbare digitale handtekening.

Dat was het gedeelte beschermen van je werk en jouw bedrijf.

Nou aan de beveiliging.

Ik heb er een kort stukje over geschreven in een van mijn andere boeken.
Maar ik zal het hier even voor je samenvatten.

Het is natuurlijk gezond verstand.

1. Koop 2 camera's bij Parts.nl
(2 voordelige, voor iets van 330,- euro heb je ze)

Installeer er een, zodat ie filmt wat er door je voordeur
je huis binnenkomt.
Installeer de andere zodat ie filmt,
wat er door je achterdeur, je huis binnenkomt.

2. Laat de sloten van je huisdeuren vervangen
(Door bijvoorbeeld Nico Kramer Beveiliging,
voor iets van 190,- euro ben je klaar)

3. Koop een goede internetbeveiliging
van Bitdefender of Kaspersky.
Met een speciale beveiliging voor veilig internetbankieren &
internetwinkelen.
(Voor 50,- euro heb je het,
of als je het helemaal goed wilt doen,
koop de zakelijke variant. Als het goed genoeg is voor een
bedrijf, is het goed genoeg voor jou.)

Verder...
vervang regelmatig je wachtwoorden,
zet dubbele security aan,

zodat je een sms krijgt
met een code op je telefoon,
nadat je al je wachtwoord hebt ingevoerd.
Tweestaps inloggen,
of hoe ze het ook noemen.

Vervang je bankpas en pincode
ieder jaar of iedere 2 jaar.

Voor 995,- ben je wel beveiligd.

Oh ja...
als je denkt ik wacht er wel mee
kan later wel enzo...

Ik had in dat andere boek
bij hoofdstukje beveiliging,
beschreven,
dat ik gedrogeerd, getaserd en geslagen werd.

Als het goed is, staat er ook bij, dat ik geld mistte.

Zoals de titel van mijn nieuwste boek luidt:
Actie als strategie

Je zou ondertussen moeten weten
dat wachten geen strategie is,
en het slechtste is wat je kan doen.
In dit geval.

Leen voor mijn part 1000,- euro
en beveilig en bescherm je zaken,
je werk, je bedrijf en je huis.

Wat als mensen jaarlijks langkomen,
en ze helpen je ieder jaar
van 500,- euro af.
Ik zeg het nog netjes...

Keer 20 jaar is dat ….

500 x 20 = 10.000,- euro

wat je kwijtraakt.

Dat is heel wat meer,
dan het duizendje
wat het kost om te investeren
in je beveiliging & bescherming van
jouw werk & je bedrijf & je huis.

Ik heb je ook niet verteld,
dat mijn zomer was verneukt.

Na die gaatjes in mijn vingertoppen....

Kostte het me 3 maanden om weer normaal aan de slag te gaan.

Als het bij jou gebeurt en het kost je 3 maaden,
3 maanden dat je bijna niks omzet...
Dan word je geruineerd
en je bedrijf ook !

Niks wachten,
Doen.

Actie
Actie
Actie

Als je jezelf 9000,- euro en heel wat shit bespaart,
zul je me dankbaar zijn !

Ok,
dan nog even een voorbeeld ,
van hoe je makkelijk van je website teksten een
boekje maakt
en je zaken beschermt..

boek Website Hajro, www.hajrobv.nl in een boekje

kun je lezen op de volgende pagina's.

Trouwens,
als je vindt dat ik je goed heb geholpen..
Wil je dan zo vriendelijk zijn oom mij
en mijn boeken aan te raden
bij mensen die je kent ??

Of wil je misschien een review
schrijven.
In een paar regels...
een beoordeling geven aan mijn boek.
Gewoon eerlijk vertellen
wat je eraan hebt.
Zet het dan bij reviews of stuur het me in een email
naar j.hajro@hotmail.com
dan zet ik het wel bij mijn boek.

Super bedankt.

Hier komt dan dat voorbeeld....

Welkom bij Hajro

Hajro zet zich in voor de mensen in Gelderland, door werk te bieden, door te doneren aan Goede Doelen & door jou te helpen om rijker te leven.

Hallo beste bezoeker,

ben je voor het eerst hier ?

Klik dan hier

Ben je hier eerder geweest ?

Lees dan verder...

Reactie van klant :

Wij zijn heel tevreden met de mooie kaarten van Hajro.

Ga zo door.

Freriks-Hermens, Doetinchem

Beste bezoeker,
als u de beste wenskaarten ter wereld wilt,
en mokken die niet kapot te krijgen zijn.
Plus een 300 pagina's dik boekwerk,
over hoe je jouw appeltje voor de dorst veilig stelt.

Aan jou gepresenteerd door een team van professionals,
met 100 jaar ervaring in het vak.
Met een website ontworpen door een team van specialisten &
gevestigd in een Trumpachtige wolkenkrabber.

Met een kantoor dat meer kost dan jouw huis.
Waar je je kunt vergapen aan de diploma's,
certificaten,gewonnen prijzen en
betaalde keurmerken.

Nou, dan is onze E winkel niet de plek om te bezoeken.

Maar wil je gewoon een leuk setje wenskaarten,
om je familie & vrienden iets van je te laten horen.
Wil je een leuk cadeautje voor jezelf,
waar je jouw bakkie thee of koffie uit kunt blijven drinken.

Wil je een boekje waarin een goede weg staat,
want vele wegen leiden naar Rome.
Wil je een deel van je aankoopbedrag,
naar een goed doel gestuurd zien worden.

Ben je niet bang om iets meer te besteden,
omdat je er waarde voor terug krijgt.

Of wil je als startende zelfstandige,
praktisch advies dat je kunt implementeren.

Dan heten we jou van harte welkom

bij de Hajro familie.

Reactie van klant :

Ik ben heel tevreden met de mooie kaarten van Hajro!

Annemarie, Doetinchem

Hoe doen we samen met jou, iets goeds ?

1 Bij ieder artikel zit een waardevol cadeautje, waar jij voor de rest van jouw leven iets aan hebt. Daarmee helpen we jou om rijker te leven.

2 Van ieder aankoopbedrag gaat een deel naar stichting Giveth Life, waar we hoofdsponsor van zijn.

3 Terwijl bijna half stad Doetinchem werkloos is. Bieden wij werk aan met doorgroei mogelijkheden & functies voor langere tijd.

4 We hebben onze keurmerken niet gekocht, maar verdient.

5 We zijn transparant. Onze inkomsten zijn bekend bij de autoriteiten.

6 We hebben erkenning ontvangen voor onze inzet voor onze community, als Erkende Community Onderneming.

7 We zijn eerlijk, dus ook over een nadeel van een van onze producten.

  De bedrukking op de mok gaat vervagen door de vaatwasser.

8 Dankzij jou, doneren we aan stichting Laat het zieke kind genieten.

9 Dankzij jou, doneren we aan stichting Mini manna.

10 Dankzij jou, doneren we aan Artsen zonder grenzen

11 Dankzij jou, doneren we aan Kika

12 Dankzij jou, doneren we aan Bibliotheek west achterhoek

13 Dankzij jou, doneren we aan Vereniging natuurmonumenten 's graveland

14 Dankzij jou, doneren we aan Save the children

15 Dankzij jou, doneren we aan stichting AAP

16 Dankzij jou, doneren we aan Dierencentrum achterhoek

17 Dankzij jou, doneren we aan Cliniclowns

18 Dankzij jou, doneren we aan VIOD

19 Dankzij jou, doneren we aan Gasthuisfonds

20 Dankzij jou, doneren we aan stichting Dierenlot

21 Dankzij jou, doneren we aan Koninklijke nederlandse politiehondenvereniging

22 Dankzij jou, doneren we aan stichting Joni

23 Dankzij jou, doneren we aan Schaak Vereniging doetinchem

24 Dankzij jou, doneren we aan NDD zwemvereniging

25 Dankzij jou, doneren we aan Nierstichting

26 Dankzij jou, doneren we aan stichting vrienden voor Waterrijk

27 Dankzij jou, doneren we aan Cordaid Memisa

28 Dankzij jou, doneren we aan stichting vrienden van het Slingeland ziekenhuis

29 Dankzij jou, doneren we aan stichting diva dichtbij

30 Dankzij jou, doneren we aan Kwf kankerbestrijding

31 Dankzij jou, doneren we aan stichting mama cash

32 Dankzij jou, doneren we aan Warchild

33 Dankzij jou, doneren we aan Kansfonds

34 Dankzij jou, doneren we aan Leprastichting

35 Dankzij jou, doneren we aan Vluchtelingenwerk Nederland

36 Dankzij jou, doneren we aan Voedselbank Doetincheem

37 Dankzij jou, doneren we aan Doetinchemse hockey club

38 Dankzij jou, doneren we aan Free press unlimited

39 Dankzij jou, doneren we aan Oranjefonds

40 Dankzij jou, doneren we aan Dierenbescherming

41 Dankzij jou, doneren we aan Moeder Teresa stichting

42 Dankzij jou, doneren we aan Nationaal MS fonds

43 Dankzij jou, doneren we aan Noordbikers

44 Dankzij jou, doneren we aan Plan Nederland

45 Dankzij jou, doneren we aan Hartstichting

46 Dankzij jou, doneren we aan Scouting nederland fonds

47 Dankzij jou, doneren we aan Unicef

48 Dankzij jou, doneren we aan Light for the world

48 Dankzij jou, doneren we aan stichting Terre des hommes

49 Dankzij jou, doneren we aan Vereniging Humanitas

50 Dankzij jou, doneren we aan stichting Greenpeace

51 Dankzij jou, doneren we aan stichting Opkikker

52 Dankzij jou, doneren we aan stichting Kinderpostzegels

53 Dankzij jou, doneren we aan Tuberculosefonds

54 Dankzij jou, doneren we aan stichting Baby Hope

55 Dankzij jou, doneren we aan stichting UAF

56 Als je investeert in Hajro, en er wordt jou tijdelijk minder rendement

uitgekeerd. Dan gaan we nog meer artikelen verkopen, en ontvang je het

alsnog. Of we geven je geld + rente terug.

Beloofd.

57 We waarderen ons personeel, onze bezorgers worden het beste betaald.

58 We vragen Niks terug voor onze donaties, ook niet van de Belasting.

Dat noemen we Echt geven.

59 Aan het bedankje & in de toekomst aan het spaarboekje ziet u dat we net dat beetje

extra voor u doen.

60 Met ons andere boek : Moneymaker, helpen we collega ondernemers.

Om tijd te besparen en meer winst te behalen.

61 Het Goede Nieuws dat we verspreiden via post, is niet gewoon een reclame.

Het herinnert jou & en de mensen eraan, dat er geen gezin op straat hoeft komen te staan. Want er bestaat ww en bijstand. Dus dat we het Goed hebben in Nederland. En daar kunnen we alleen maar dankbaar voor zijn.

62 We hebben het boekje Eigen Fortuintje expres zo laag mogelijk geprijsd,

om er zoveel mogelijk mensen mee te helpen. Met het opbouwen van hun Eigen Fortuin. Speciaal voor jou dus, en voor jouw vrienden & jouw familie.

63 Voor jou staan we garant, met onze goede familienaam op het spel.

Dat je ontvangt wat je bestelt & nog iets meer.

Beloofd.

64 Dankzij jou, doneren we aan stichting Alzheimer

65 Dankzij jou, doneren we aan Parkinsonfonds

66 Dankzij jou, doneren we aan Thomas hulpfonds Madras

67 Dankzij jou, doneren we aan Wereld Natuur Fonds

68 Dankzij jou, doneren we aan stichting Straatmensen

69 Dankzij jou, doneren we aan Rudolphstichting

70 Dankzij jou, doneren we aan V.V. Doetinchem

71 Dankzij jou, doneren we aan stichting Jeugdsportfonds

72 Dankzij jou, doneren we aan Amnesty International

Reactie van klant :

In een woord geweldig !
De cadeautjes die Hajro stuurt zijn ontzettend leuk en
in een onwijs mooi goud gekleurd papier ingewikkeld.
Het schilderij met gouden omlijsting
hangt boven mijn deur.
Ik raad het iedereen aan om met Hajro in zee te gaan!

Meun - Arnhem

73 Dankzij jou, doneren we aan Bartimeus Sonneheerdt vereniging

Reactie van klant :

De service van Hajro heeft me positief verrast.

De klantenservice is simpelweg uitstekend te noemen.

Nadat ik een bevestiging van de bestelling per briefkaart

heb ontvangen, arriveerde een aantal dagen later het

cadeautje: een plezier om uit te pakken!

Ik kan de service van Hajro ten zeerste aanbevelen.

Steed, Arnhem

Kort samengevat:

Ons eerste doel is mensen aan het werk houden & Goede Doelen steunen.

Ons tweede doel is mensen helpen rijker te leven,

met het cadeautje dat bij ieder artikel zit &

het boek Bouw jouw fortuin.

We staan voor rijkdom voor iedereen, en dus een rijke community.

(onze community = het gebied waar we leven & werken,

namelijk provincie Gelderland)

De aankomende 100 jaar blijven we bestaan voor jou,

7 dagen per week en 24 uur per dag geopend.

Zonder de prijzen te verhogen &

als je bestelt bij Hajro gaat de helft van je aankoopbedrag naar Goede Doelen.

Aan de brieven & kaarten zie je dat de Goede Doelen

ons en jou bedanken.

Niet bang zijn voor de kleine lettertjes hoor,

het zijn gewoon een aantal zekerheden,

die zwart op wit staan.

Zodat jij onbezorgd kunt winkelen bij ons.

Wanneer je bestelt via onze E-winkel word jij

beschermd door de Wet koop op afstand.

Je hebt na jouw aankoop een bedenktijd

van 30 dagen.

Als je ontevreden bent over jouw bestelling,

stuur het terug,

en je krijgt je geld terug.

Je hebt dus 0 % risico

We willen dat je helemaal tevreden bent,

als je iets bij ons koopt.

En iets waar je niet tevreden over bent

retour kunt sturen,

zonder gedoe.

Als je bij ons bestelt, ontvang je altijd een

bevestiging van je order via post.

We bieden jou de betrouwbaarste betaalmogelijkheid :

via gewone overboeking.

Al onze prijzen zijn All Inclusive : inclusief BTW en andere heffingen , tevens inclusief verzendkosten en servicekosten.

Dus geen stilzwijgende verhogingen of verlengingen ,

geen vanaf prijzen en geen gedoe achteraf.

Alle dingetjes die je krijgt,

nadat je iets bij ons hebt gekocht

(zoals het SpaarBoekje & reclame in een zakje)

zijn altijd gratis.

Normaal gesproken ontvang je jouw

bestelling binnen 2 a 3 werkdagen.

Het bezorgen van jouw bestelling wordt gedaan

door PostNL.

We hebben het je zo makkelijk mogelijk gemaakt

om iets te kunnen bestellen,

en gelijk af te rekenen.

In 1 stapje.

Al onze wenskaarten setjes zijn

inclusief postzegels.

(Tenzij anders vermeld)

Al onze producten & diensten zijn premium geprijsd,

en daar zijn goede redenen voor.

Zoals kwaliteit service,

je weet zeker dat uw bestelling goed verzorgd wordt.

We kunnen u meer mogelijkheden bieden voor een

beter persoonlijk & zakelijk leven.

We kunnen meer doneren aan Goede Doelen

& Initiatieven in

onze gemeenschap, waar we leven en werken.

Ook kunnen we meer investeren in onze mensen,

zodat ze net dat beetje extra voor u doen.

Heel Belangrijk : we kunnen mensen in onze

community betere kansen voor werk bieden met

betere arbeidsvoorwaarden.

Jouw gegevens zijn veilig bij ons &

de bank.

Hajro heeft een van de beste internetbeveiligingen.

Zoals u weet is de bedrijfsnaam ook onze achternaam ,

deze kunnen we niet veranderen.

Dus

als we fouten maken, wat

menselijk is, corrigeren we deze ook en maken het

goed met jou.

Bedankt voor het lezen,

je weet nou alles.

Klik hier om naar de homepage te gaan

of

<u>*klik hier en ga naar de E-winkel*</u>

Neem contact op via post :

Hajro BV io

(Voor info over oprichting : contacteer 026notariaat, te Arnhem)

Ottawastraat 19

7007 BC

Doetinchem

Nederland

_____

Neem contact op via email :

E-mail : j.hajro@hotmail.com

OVERIG:

KvK: 65686306

Let op :

stichting Giveth Life verwerkt betalingen aan Hajro.

Heeft u iets gekocht aan de deur & gekozen voor achteraf betalen,

of wilt u iets bestellen bij Hajro ?

Dan mag u uw betaling of bestelling verzenden naar :

IBANrekeningnummer : NL19INGB0007033245

t.n.v. Stichting Giveth Life

Zo gaat gelijk de helft van het geld naar een Goed Doel.

Met de andere helft wordt Hajro gesponsord,

om mensen aan het werk te houden,

ze te betalen en de kosten te voldoen.

Uitleg :

een Goed initiatief is bijvoorbeeld een sportclub.

We steunen een aantal sportclubs en sportverenigingen omdat

het beter is voor jonge mensen om te sporten,

dan in de kroeg te zuipen of in de shop te blowen

Dear

visitor

If you want the best greeting cards in the world,
and mugs which are indestructible.

Plus a 300 pages thick booklet,
about how you put your nest egg safe.

Presented to you by a team of professionals,
with 100 years of experience in the profession.

*With a website designed by a team of specialists &
established in a Trump-like skyscraper.*

*With an office that costs more than your house.
Where you can marvel at the diplomas,
certificates, awards and
paid labels.*

Well, then our International E store is not the place to visit.

*But if you just want a nice set of greeting cards,
for your family & friends to hear from you.*

*If you want a great gift for yourself,
where you can continue to drink out of, your cup of tea or
coffee.*

*If you desire a booklet in which a good road to riches is
disclosed,
because many roads lead to Rome.*

*If you want to see, a part of your purchase price,
sent to charity.*

*If you aren't afraid to spend a little more,
because you get a lot of value in return.*

*Or if you are a starting entrepeneur,
needing practical advice that you can implement.*

*Then we welcome you
at the Hajro family.*

We thank you for the opportunity

to participate in bringing joy

into someone's life

Stichting Giveth Life

organisatie zet zich in voor o.a

daklozen, natuurrampen, ziektes en

speciale gevallen

Bedankt voor uw bezoek
De stichting zet zich in voor o.a. speciale gevallen door heel Nederland.

Dit doen we door verschillende actie's zoals :
wenskaartenverkoop, kleding

inzamelen, geld inzamelen of sponsoring.

Zo zorgen we samen voor een beter leven voor anderen.

Een steuntje in de rug voor een gezin, zoals u onderaan de pagina kunt zien, betekent :

van de donaties is een doos aan boodschappen gekocht,

dit is aan een gezin gegeven dat weinig te besteden heeft,

dit scheelt dat gezin een week aan boodschappengeld.

Korte termijn doel van stichting Giveth Life :

regelmatig een steuntje in de rug geven aan gezinnen.

Middellange termijn doel van stichting Giveth Life :

mensen die ver van de arbeidsmarkt staan,

vrijwilligerswerk bieden, waar ze een vergoeding voor krijgen.

Lange termijn doel stichting Giveth Life :

bijdragen aan een fatsoenlijk pensioen voor immigranten,

die een flinke pensioenkorting staat te wachten.

Om een duurzaam positief verschil te maken wordt er stapsgewijs aan de

verwachtingen voldaan. U wordt op de hoogte gehouden.

Personen die namens de stichting actief zijn kunnen zich altijd

legitimeren en laten hun naam achter,

zodat mensen weten wie er aan de deur stond.

In het kader van transparantie kunt u in januari schriftelijk een financieel

overzicht opvragen over het afgelopen jaar.

Bedankt voor uw contributie.

– Everyone Will Be Something Worthwile –

Met de opbrengst van de kaartenverkoop namens de stichting zijn :

- de onkosten voldaan

- cadeaubonnetjes voor contributees

- iedere contributee een waardevol cadeautje gegeven

- bescheiden donaties gedaan aan ; Kika, Minimanna, Gasthuisfonds

- honderden mensen op de hoogte gebracht over

de wijzigingen middels brieven

- cadeau voor een gezin

- bescheiden beloning aan bestuur toegekend

-verrassingtreetje cadau gedaan

Dank aan onze hoofdsponsoren Hajro & eLucky

De stichting wordt in gemeente Doetinchem pas actief met collecteren

na een ontvangen vergunning,

eenmaal zover zal dit worden aangekondigd.....

Indien stichting Giveth Life elders actief wordt,zal dit van te voren* *aangekondigd worden

---

Jaarstukken 2015, stichting Giveth Life

Notaris E 323,68

Inkoop E 300,-

Verrassingen E 163,-

Donaties E 38,79

O.V.   E 7,28

Trees E 10,-

Materiaal (enveloppen,inkt,etc) E 30,-

KvK E 50,-

Beloning bestuur E 100,-

Overig E 100,-

Stichting Giveth Life heeft nauwelijks kosten,

marketinguitgaven zoals advertenties en direct mail,

worden door Hajro gesponsord.

Vanaf heden ontvangt het bestuur geen beloningen voor hun vrijwillige werkzaamheden !

Welkom in de grootste, de beste en

de meest spectaculaire E-winkel ter wereld.

Simpelweg omdat de helft van wat je besteedt,

naar Goede Doelen toe gaat.

Hieronder staat ons product overzicht,

klik op wat u interesseert en u

komt automatisch op de productpagina terecht.

Rechts boven aan kunt u altijd naar het product overzicht

terug keren door op het kopje E-winkel te klikken.

———

Voor uw gemak

kunt u met 1 stapje

bestellen en afrekenen.

Hieronder staat dat ene stapje uitgelegd :

Weet u hoe het artikel heet dat u wilt bestellen ?

Weet u hoeveel eurotjes het is ?

Goed.

Ga nu naar de website van uw bank,

en log in.

Ga dan naar kopje : nieuwe opdracht / overschrijven

Vul nu het aantal eurotjes in.

Vul de naam van de ontvanger in : Hajro

Vul het IBAN van de ontvanger in : NL05RABO 0321 767977

Goed.

Vul nu in de omschrijving : hoe het artikel heet dat u bestelt

en hoeveel u er wilt.

Vul daaronder het adres in, waar het bezorgd moet worden.

Goed.

Klik nu op opdracht Verzenden.

Helemaal goed.

U heeft nou met 1 stapje bestelt en afgerekend.

Wees gerust, uw gegevens zijn veilig bij ons en de ING bank.

Hoe gaat het nou verder ?

1 Wij ontvangen uw bestelling.

2 Wij sturen u een bevestiging.

3 Uw bestelling wordt bezorgd.

4 U ontvangt een bedankje en het spaarboekje.

We staan Garant, met onze goede familienaam op het spel.

dat JIJ ontvangt wat je bestelt,
en nog iets meer.

Beloofd.

Hieronder leest u de bestelervaring van een van onze klanten :

Reactie van klant :

De service van Hajro heeft me positief verrast.

De klantenservice is simpelweg uitstekend te noemen.

Nadat ik een bevestiging van de bestelling per briefkaart

heb ontvangen, arriveerde een aantal dagen later het

cadeautje: een plezier om uit te pakken!

Ik kan de service van Hajro ten zeerste aanbevelen.

Steed, Arnhem

Hallo,

vind jij het belangrijk dat Hajro mensen aan het werk houdt ?

Vind jij het belangrijk dat Hajro doneert aan veel Goede Doelen ?

Vind jij het belangrijk dat Hajro mensen helpt om meer zekerheid
op te bouwen, voor hun pensioen en hun gezin.
Dus om rijker te leven ?

Als jij gelooft in wat Hajro doet,
ben je welkom om als vrijwilliger mee te helpen.

Je kan post bezorgen,
of setjes wenskaarten verkopen.

Na een persoonlijk gesprek,
kun je meteen aan de slag.

Als je goed je best doet,
krijg je een functie als vrijwilliger,
voor 3 jaar.

Je krijgt een vergoeding voor je werkzaamheden, maandelijks
op je rekening gestort.
(Je wordt dus Niet gekort op je ww of bijstand)

Je werkzaamheden doe je in de buitenlucht en in gemeente Doetinchem.

Er wordt van je verwacht dat je enthousiast bent

———————

en vriendelijk tegen mensen.

Wil je meehelpen ?

Stuur dan een email naar : j.hajro@hotmail.com

Schrijf in de email wat voor school en werk je hebt gedaan of doet ,
en stuur een foto van jezelf mee.

Je krijgt binnen 2 weken een gesprek
en kunt daarna aan de slag.

Tot ziens.

———————

Beste bezoeker,

welkom op de website van Hajro groep & haar partners.

Hajro groep is de moederorganisatie van het Hajro concern.

Met verschillende formules,

verscheidenheid aan producten & diensten

bieden we jou meer voordelen.

Stille vennoot worden ?

Niet werken maar wel delen in de winst.

Consumenten mogen hun vraag emailen naar :

j.hajro@hotmail.com

Hajro Groep staat open voor :

strategische partners &

leveranciers van private label producten.

Ondernemingen kunnen bij interesse in samenwerking,

hun voorstel emailen naar :

info@hajrobv.nl

Stichting Giveth Life verzorgt betalingen aan en van Hajro Groep.

Hajro Groep is financieel gezond,

om dit zo te houden,

werken we alleen met vooruitbetaling.

We zijn dus meer dan 5 jaar geleden gestart,

en hebben een trackrecord in ondernemen,

directe verkoop & finance.

Bezoek ons op internet,

ga naar :

www.hajrobv.nl

Tot ziens

De bio van ondernemer & auteur Jasmin Hajro, even kennis maken

Hallo beste lezer,

hoe gaat het ?

Bedankt voor kopen van boekje Recept voor Geluk.

Mijn naam is Jasmin Hajro, ik ben geboren op 6 juli 1985 in Bosnie.
Als vluchtelingen kwamen we naar Nederland, 21 jaar geleden.
Na school te hebben doorlopen & verscheidene banen...

Heb ik op 17 december 2012, mijn eerste onderneming opgericht: beleggingsbedrijf Jasko.
Na een succesvol eerste jaar, heb ik helaas de onderneming moeten sluiten.
Na een korte periode van rust, ww en tijdelijk werk. Begon ik weer als ondernemer.

Op 1 september 2015, heb ik onderneming Hajro opgericht.
Sinds het begin is de kernactiviteit, het verkopen van setjes wenskaarten, deur tot deur.

Tegenwoordig is het assortiment uitgebreid.

Met o.a. de verkoop van mijn 10 boeken.

De royalties van mijn boeken worden gedoneerd
aan het Goede Doel : stichting Giveth Life.

Mijn onderneming heet tegenwoordig Hajro Groep,

en bestaat uit 20 verschillende dochterondernemingen,

die onderdeel zijn van 1 overkoepelende organisatie.

Voor meer informatie over mijn onderneming &
de stichting, ga naar www.hajrobv.nl

boek Het Recept voor Geluk

Er is een boek geschreven over een waar gebeurd verhaal...
Een man die in een concentratiekamp zat ten tijde van Hitler,
en gelukkig was.

Dus,
geluk heeft Niks te aken met jouw omstandigheden.

Het heeft alles te maken met,
jouw keuze om gelukkig te zijn,
ongeacht omstandigheden.

Kies ervoor om gelukkig te zijn.

Natuurlijk zijn er mindere periodes in het leven,
zoals wanneer iemand waar je van houdt,
overlijdt.
Dat hoort bij het leven.
En periodes van verdriet met je gewoon verwerken.

Verwerken doe je het beste door erover te praten,
je hart te luchten, regelmatig.

Door erover te schrijven,

als je een situatie of je gevoelens erover opschrijft,
dan staat het op papier,
en zit het minder in je hoofd.
Schrijven is een goede uitlaatlep.

Verwerken doe je ook goed door :
bezig te blijven.
Of dat nou in je werk of je hobby is.
Ze zeggen : een rollende steen vergaart geen mos.

Dus blijf bezig....

Oke, een goede les geleerd om negatieve ervaringen
beter te verwerken.

Maar je bent hier voor het Recept voor Geluk, toch ?

Nou, de les hiervoor helpt je om het Recept beter voor je te
laten werken.

Hier komt ie dan...

Je leest vast wel 's een lokaal krantje,
en je kijkt vast regelmatig naar het journaal

(het dagelijkse nieuws op tv)

Is je al opgevallen dat het voor 99% Slecht nieuws is ?
Alleen maar ellende..
Als je niet beter wist,
zou je denken dat de hele wereld aan het vergaan is.

Als het voor jou een gewoonte is,
om dagelijks een half uurtje naar het journaal te kijken...

Heb je er wel's bij stil gestaan of dat wel gezond is ?
Word je er gelukkig van ?

Natuurlijk Niet !

Het makkelijkste verander je een gewoonte
door het te vervangen met een nieuwe gewoonte.

Dus vanaf vandaag ga jij
in plaats van dagelijks een half uurtje
naar de wereldellende op het journaal te kijken...........

Een half uurtje per dag naar COMEDY kijken.

Verplicht.

Iedere dag.

Nou is half 8 in de avond geen nieuwstijd,
maar Comedy tijd.

Als je naar comedy kijkt,
ontspan je &
lach je.

Klinkt al gezonder, vind je niet ?

Nou, iedere dag lachen is makkelijk te doen, toch ?

En je oude slechte gewoonte vervangen,
met een leuke, gezonde nieuwe gewoonte,
is ook makkelijker dan je had gedacht.

Behalve dat ontspanning goed voor je is,
maakt wanneer je lacht,
jouw lichaam endorfines aan.

Dat zijn natuurlijke geluksstofjes.

Nou, je hebt na 21 dagen,
een nieuwe gewoonte gevormd.

<u>Dus kijk iedere dag Comedy.</u>

Je kan veel standup comedy op Youtube, gratis kijken.

Simpel ?
Zeker, maar je moet het wel even doen,
iedere dag,
totdat je er niet meer over na hoeft te denken,
en je het automatisch gaat doen.

Even wat Geluksingredienten op een rij :

- Kijk iedere dag comedy, minimaal een uur

- Eet ijs, trakteer iemand op een ijsje

- Ga sporten, lekker van je afslaan met tennis of lekker hardlopen

- Pis in de tuin

(en als je een boete krijgt voor wildplassen, dan lach je je helemaal stuk)

- Maak je geen zorgen, het leven is te kort daarvoor

(door bezig te blijven, heb je geen tijd om je zorgen te maken)

- Knuffel mensen waar je van houdt

- Ga gezellig een kopje koffie drinken

- Neem een kat of een ander huisdier

- Als je geld ontvangt, spaar gelijk een deel ervan

- Laat je niet bang maken door de media, de wereld wordt niet slechter, de wereld wordt steeds beter.

- Sex, need I say more

(als je sex hebt maak je ook endorfines = geluksstofjes aan)

Misschien is het Recept anders dan je had verwacht,

maar daar gaat het niet om,

het gaat erom dat het werkt &

jou helpt gelukkiger te leven.

Doe het,

het is makkelijker

dan zuur te kijken.

Als je dit een goed boek vindt,
wil je dan zo vriendelijk zijn
om het aan te raden
bij mensen die jij kent.

Zodat ook zij ermee vooruit worden geholpen.

Dank je.

Previeuw Bouw Jouw Fortuin

het Betaal jezelf eerst principe

Het betaal jezelf eerst principe.

Het betekent dat wanneer je jouw geld ontvangt,
je eerst jezelf betaalt door bijvoorbeeld een tiende opzij te zetten.

Om het resultaat hiervan te verduidelijken,
maken we een voorbeeld berekening.

Je verdient bijvoorbeeld 3000,- euro per maand.
En je betaalt jezelf eerst,
oftewel : je zet een tiende (10%) van je inkomen opzij.
Dus 300,- euro per maand.

Het jaar heeft 12 maanden,
dus na 1 jaar heb je (12 x 300) = 3600,- euro.
Na 1 jaar heb je een heel maand salaris opzij gezet.

Als je iedere maand een tiende opzij zet,
hoeveel heb je dan na 10 jaar ?

(3600 x 10) = 36000,- euro.
Dus na 10 jaar heb je 36000,- euro
oftewel een heel jaar salaris opzij gezet.

Verderop in dit boek : Bouw jouw Fortuin,
ziet u hoe u dat bedrag dat u maandelijks opzij zet.
Harder kunt laten groeien.

Previeuw Bouw Jouw Fortuin

10 % van alles

Het is belangrijk dat wanneer je eerst jezelf betaalt,
door 10 % opzij te zetten.
Dat je 10 % van alles opzij zet.

Natuurlijk 10 % van je inkomen.

Maar ook 10 % van de fooi als je die krijgt,
ook 10 % van je toeslagen,
ook 10 % van je cadeaugeld,
ook 10 % van je 13de maand,
ook 10 % van je bonus,
ook 10 % van je loonsverhoging,
ook 10 % van je belasting teruggaaf,
ook 10 % van je welkomstpremie.

Vanuit welke hoek of van wie dan ook je geld ontvangt,
het eerste wat je doet is jezelf eerst betalen.
Door een tiende ervan opzij te zetten.

Einde previeuw

Voor meer informatie over dit boek , ga naar onze verbeterde
website : www.hajrobv.nl

Previeuw boek Moneymaker

Moneymaker 3.

de bijbel voor ondernemers, geschreven door een ondernemer.
Dus jouw dagelijkse kost.

Nee, het gaat niet over GOD.

Er staat, geschreven door een ondernemer.....

JIJ LEEST ALLEEN MAAR BOEKEN DIE GESCHREVEN ZIJN DOOR MENSEN DIE EEN EIGEN BEDRIJF HEBBEN !!
Begrijp je dat ?

Zo voorkom je dat je geest voedt met BULLSHIT.
En dat je BULLSHIT gaat modelleren.
Dus bespaar je jezelf tijd en geld.

Ok, dan even over die Ondernemersbijbel.
Het heet No Excuses, the Power of self discipline En is geschreven door Brian Tracy

En ja die heeft een eigen bedrijf. Anders stond zijn naam hier Niet.

Het komt toch op zelf discipline neer.
En zelf discipline maakt dat jij je heel erg Goed voelt over jezelf.

Als je gaat sporten bijvoorbeeld, terwijl de meeste mensen tv aan het kijken zijn.
Als je op zaterdag werkt, terwijl de meeste mensen weekend houden.
Als je op zondag een stap zet richting het bereiken van je doelen.

Bovenstaande 3 voorbeelden, vereisen zelf discipline van jou.

Maar over 1, 3, 5 jaar waar sta jij dan ?

En waar de meeste mensen ?

Wel's een dag gewerkt met pijn omdat je tanden afgebroken

waren ?
Wel's gewerkt met 2 uurtjes slaap, de nacht ervoor ?
Wel's gewerkt zonder te hebben geslapen, de nacht ervoor ?

Het was vast makkelijker om toen, tv te gaan kijken.....

Maar dan zou ik nou voor jou een Bullshitter zijn,
en niet iemand die je respecteert.

Oh jah, koop de ondernemersbijbel. NU.

Previeuw boek Moneymaker

Moneymaker 2.

Twee dingen waar je dagelijks je tijd aan MOET besteden

Welke 2 zijn dat ?

Tv kijken en op Facebook zitten ?

Zonder BULLSHIT, dus :

SALES & DIRECT MARKETING

Als je iets verkoopt (sales), dan komt er winst binnen.

Als je goed wordt in (direct marketing), dan komt er winst

binnen.

Met marketing bespaar je jezelf tijd tijdens het verkopen.
Je hoeft tijdens je presentatie niet uit te leggen wie je bent en wat je onderneming doet.

Hoeveel uur per werkdag besteed Jij aan sales ?

Hoeveel uur per werkdag besteed Jij aan Direct Marketing ?

WAT GEBEURT ER ALS JE ALLEEN MAAR JE TIJD
BESTEEDT AAN SALES & DIRECT MARKETING ??

Heb je dan meer winst en dus meer geld ?

Einde previeuw

Voor meer info over dit boek van mij, ga naar www.hajrobv.nl

Kleine introductie met oprichting Hajro

Hajro zet zich in voor de mensen in provincie Gelderland,
door mensen aan het werk te houden,
door te doneren aan Goede Doelen,
en door jou te helpen om rijker te leven.

Tegenwoordig is Hajro
een dochteronderneming van Hajro Groep.

De Hajro Groep bestaat uit 20 verschillende ondernemingen,
die allemaal deel uit maken
van 1 overkoepelende organisatie.

We hebben nou verschillende producten & diensten,
en we steunen meer dan 40 Goede Doelen.

Bezoek ons op www.hajrobv.nl

en ontdek wat we nog meer voor jou kunnen betekenen.

Hopelijk word je een lovende klant van ons.

Ik wens je in ieder geval

veel voorspoed & geluk.

Meer boeken van jasmin Hajro :

Bouw jouw Fortuin

Moneymaker

Recept voor Geluk

de Reddingsboei voor banken"loyaal bankieren"

de Ultieme Winnende Strategie voor ondernemers

Gedichten, grapjes en boek

Victorie

Victorie II

Altijd werk & altijd geld op zak, iedere dag

Dingen die je Niet wil weten

Oprichting Hajro, het conglomeraat

Voor jou

Moeilijke tijden overwinnen

Double your profits

jouw Eigen Bedrijf starten & succesvol maken, in de keiharde realiteit waar 't niemand interesseert

Victorie III

Coole jongen

De pen die je 100.000,- euro oplevert

Tieten, hoe schrijf ik een boek ?

Te persoonlijk, handgeschreven I

Te pesroonlijk, handgeschreven II

Actie als strategie, deel I

bundel Het grootse, beste & meest spectaculaire boek ter wereld bundel

bundel Verdubbel je winst & je banksaldo in 4 maandjes, deel 1t/m 5

www.ingramcontent.com/pod-product-compliance
Lightning Source LLC
Chambersburg PA
CBHW021450210526
45463CB00002B/712